Le Trésor de l'Île des Quatre Vents

Direction de la publication : Carine Girac-Marinier
Édition : Antoine Caron
Direction artistique : Uli Meindl
Conception artistique : Sophie Rivoire
Mise en pages : SKGD-Création
Fabrication : Marlène Delbeken

ISBN : 978-2-03-598111-0

ESCAPE GAME DE POCHE

LE TRÉSOR DE L'ÎLE DES QUATRE VENTS

Gilles Saint-Martin

LAROUSSE

LES ESCAPE GAMES DE POCHE

Le scénario de cet ESCAPE GAME de poche te permet de vivre une aventure à la croisée des Escape Games classiques, des jeux vidéo d'aventure type *Point'n'Click* et des Livres dont vous êtes le héros®.

Enfermé quelque part, tu dois explorer ton environnement et résoudre des énigmes ou utiliser des objets à ta disposition pour t'échapper en un temps limité. Observation, réflexion et imagination te guideront vers la sortie.

Ce livre se décompose en plusieurs sections :

L'aventure

La lecture de ce livre n'est pas linéaire. Cela veut dire qu'elle ne se fera pas comme tu en as l'habitude.

Chaque paragraphe comporte un numéro. À la fin d'un paragraphe, tu peux être invité à choisir un chemin qui porte lui aussi un numéro.

Une fois ton choix fait, tu dois lire le paragraphe correspondant.

Par exemple :

Tu es au bord d'une rivière au courant très puissant.

Si tu veux tenter de traverser, lis le paragraphe **36**. Sinon, tu peux aller vers l'ouest (**19**), le sud (**86**) ou le nord (**82**).

Tu vas également rencontrer des énigmes tout au long de ton aventure. Selon les cas, elles pourront te conduire à un paragraphe explicitement indiqué ou bien à un numéro que tu dois trouver en résolvant le problème. Quoi qu'il en soit, si tu arrives à un paragraphe qui n'a rien à voir avec l'histoire, c'est que tu t'es trompé. Rassure-toi, cela arrive à tout le monde. Dans une telle situation, reviens à l'énigme et réfléchis à nouveau.

Les solutions

Durant ton aventure, tu es virtuellement accompagné d'Ariane, ta collaboratrice. En effet, même si tu es seul sur le terrain, tes lunettes connectées par satellite sont équipées d'un écouteur, d'un micro, d'une caméra et d'un affichage intégré qui te permettent de communiquer et d'échanger des informations avec elle.

Si tu ne parviens pas à résoudre une énigme ou que tu te trompes, Ariane sera toujours là pour te donner la solution, que tu trouveras à la fin de l'ouvrage au chapitre **Solutions** au même numéro de paragraphe que celui de l'énigme. Mais attention ! À chaque fois que tu feras appel aux solutions d'Ariane, tu devras le mentionner dans ta **Feuille de route** (p. 17) en cochant une des cases **Solutions** qui s'y trouvent.

Les indices

Si tu hésites devant une énigme et que tu ne souhaites pas faire intervenir ton amie Ariane, tu peux d'abord interroger l'intelligence artificielle intégrée à ta montre. Pour les paragraphes correspondant à des énigmes, tu trouveras à la fin de l'ouvrage au chapitre **Indices**, et au numéro correspondant, des indications qui t'aideront beaucoup. Chaque fois que tu iras lire un indice, tu devras le noter sur ta **Feuille de route** en cochant une des cases **Indices**.

Les pièces spéciales

Dans ton aventure, tu pourras trouver des pièces d'or spéciales cachées dans le décor. Observe bien les illustrations. À chaque fois que tu trouveras une de ces pièces, tu devras le noter sur ta **Feuille de route** en cochant une case **Pièces**.

La feuille de route

Après avoir lu l'introduction de cette histoire, tu auras accès à ta **Feuille de route**. Tu pourras y cocher les **Pièces**, les **solutions**, les **indices** et tenir à jour l'**Inventaire** des objets que tu auras récoltés au cours de ton aventure.

N'oublie pas d'y noter l'**Heure de début** de ta partie.

Et les bons aventuriers
sont rapides !
Pour bien réussir, tu as...

2 HEURES !

265
300
60
50
40
30
20
NW

INTRODUCTION

INTRODUCTION

Cap sur l'île des Quatre Vents

Ton nom est Théo Montibus. Tu as un métier peu courant et qui fait rêver : chasseur de trésor. Passionné par l'Histoire, tu y cherches des détails souvent négligés. Friand de voyages et d'aventures, tu n'hésites pas à te rendre dans des régions sauvages et inaccessibles. Ces atouts t'ont permis de découvrir des objets du passé que l'on croyait perdus à jamais et dont, parfois, on ne soupçonnait même pas l'existence. Beaucoup font aujourd'hui le bonheur des musées du monde entier et de leurs visiteurs. Contrairement à tes concurrents aventuriers, ce n'est pas l'argent qui t'intéresse, c'est la satisfaction de contribuer à préserver la mémoire et le patrimoine de l'humanité.

Aujourd'hui, tu es à bord d'un hydravion qui vole à pleine vitesse au-dessus de l'océan Atlantique. Aux commandes,

Ariane, ta fidèle collaboratrice, ne dit pas un mot. Le regard rivé sur l'infinité bleue qui vous entoure, elle est concentrée sur le cap que tu lui as donné.

« La voilà, droit devant ! » annonce-t-elle soudainement.

Un large sourire illumine ton visage. L'île des Quatre Vents est devant tes yeux, enfin. Il t'en aura fallu du temps et de la patience pour arriver ici. Tu as passé des mois à parcourir les bibliothèques du monde pour consulter des livres et des parchemins relatant l'incroyable histoire de la piraterie au XVIIIe siècle. Dans ces ouvrages, tu as réussi à retrouver la trace de Jack Blade, un redoutable pirate connu pour avoir amassé d'immenses richesses et qui a un jour mystérieusement disparu. Grâce à ce que tu as appris dans ta minutieuse enquête, tu es persuadé que son trésor est caché ici, sur cette île perdue.

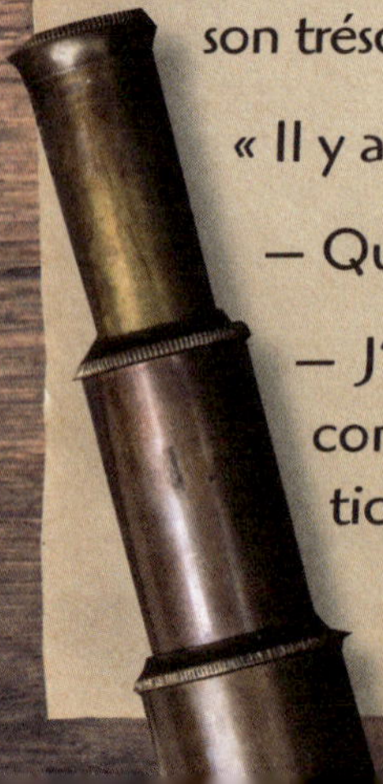

« Il y a un problème, s'émeut Ariane.

– Quoi ?

– J'ai capté une conversation à la radio. La concurrence a été informée de notre destination. Elle est sur nos traces.

— Sans concurrence, ce ne serait pas une véritable chasse au trésor. Allez, il n'y a pas de temps à perdre. »

Tu vas à l'arrière de l'avion, enfile un parachute, ouvre la porte latérale et saute dans le vide sans la moindre hésitation.

Après une chute libre vertigineuse, tu ouvres ton parachute et observes l'île attentivement. Le long de la côte, une grotte à demi immergée attire ton attention. *Ce serait une cachette parfaite pour un bateau,* penses-tu. Te fiant à ton intuition, tu tires sur les fils afin de te diriger vers cet endroit. Peu après, tu te poses sur une petite plage. Tu chausses aussitôt tes lunettes connectées par satellite. Cet accessoire high-tech te permet de communiquer avec ta collaboratrice et même de filmer et de voir en réalité augmentée.

« J'y suis, annonces-tu.

— Ok, sois prudent ! » répond Ariane.

Après avoir laissé ton équipement de parachutiste sur le sable, muni d'une lampe torche, d'un briquet, d'un sac à dos et de ta montre intelligente, tu pénètres dans la grotte. Rends-toi au paragraphe 1.

À TOI DE JOUER !

Feuille de route

Inventaire

- o Sac à dos
- o Lunettes connectées
- o Montre intelligente
- o Lampe torche
- o Briquet
- o ....
- o ....
- o ....
- o ....
- o ....
- o ....
- o ....
- o ....
- o ....
- o ....
- o ....
- o ....
- o ....
- o ....

Pièces

Indices

Solutions

Heure de début :

_ _ : _ _

Heure de fin :

_ _ : _ _

265
300
NW
N
20
30
40
50
60

L'Aventure

L'AVENTURE

1

Au prix d'une marche délicate sur les rochers, tu découvres l'imposante silhouette d'un galion du XVIIIe siècle. Il est tout au fond de la grotte, échoué sur les rochers. *C'est certainement le navire de Jack Blade*, penses-tu immédiatement. En t'approchant, tu constates que l'épave est parfaitement conservée. Abritée dans cette grotte, elle a réussi à traverser les siècles et donne presque l'impression de pouvoir reprendre la mer. Ton cœur s'emballe devant ce spectacle inespéré. Le trésor du pirate est peut-être là, dans les cales de ce majestueux bateau.

Tout à coup, la voix d'Ariane retentit dans ton oreille :

« La concurrence approche ! Elle sera là dans deux heures !

— Reçu. J'ai trouvé l'épave, je vais l'explorer. »

Ce qu'Ariane et toi appelez pudiquement « la concurrence » est en fait une organisation criminelle internationale qui pille les trésors du passé pour les revendre au marché noir. Ses méthodes sont brutales et totalement irrespectueuses des vestiges historiques. Tu as déjà eu affaire à elle. À vrai dire, elle a compliqué beaucoup des chasses aux trésors que tu as menées. Tu n'as aucune envie de la voir débarquer ici avec armes et explosifs, et tout détruire pour parvenir à ses fins.

Il faut te dépêcher de trouver ce que tu cherches pour t'échapper de cette île avant qu'il y ait du grabuge. La marée est montante, mais l'eau est encore assez basse pour te permettre d'atteindre le bateau sans nager.

Par quelle partie de l'épave vas-tu débuter ton exploration : la proue (**13**), le flanc (**45**) ou la poupe (**9**) ?

2

Peu à peu, la pente se fait plus forte.

Tu peux descendre vers l'ouest (15), prendre la direction du nord (89) ou aller vers l'est (43).

3

« Il te faut absolument de quoi faire fonctionner un canon, déclare Ariane.

– As-tu repéré ce qu'il me faut ?

– Oui, en repassant les images transmises par tes lunettes, j'ai vu un boulet, de la poudre et une mèche. Tout est au niveau du pont intérieur. »

Tu descends aussitôt par la trappe et trouve ce qu'il te manquait.

« Merci, Ariane », dis-tu en remontant sur le pont.

Coche une case **Solutions**.

Tu sais où tirer et tu as tout ce qu'il faut pour le faire. Dans quelques instants, un canon va rugir de nouveau et t'ouvrira la voie vers le trésor du pirate Jack Blade. Lis le paragraphe 91.

4

Tu attaches la corde au crochet et fabriques un grappin de fortune. Tu le fais tournoyer et te prépares à le lancer vers le bastingage. Il s'agit de viser juste et avec la bonne force.

Examine l'illustration. Pour atteindre ton but, tu dois trouver la flèche correspondant à la trajectoire qui atteint la cible rouge.

Mémorise la lettre correspondant à cette flèche et rends-toi au paragraphe **34**

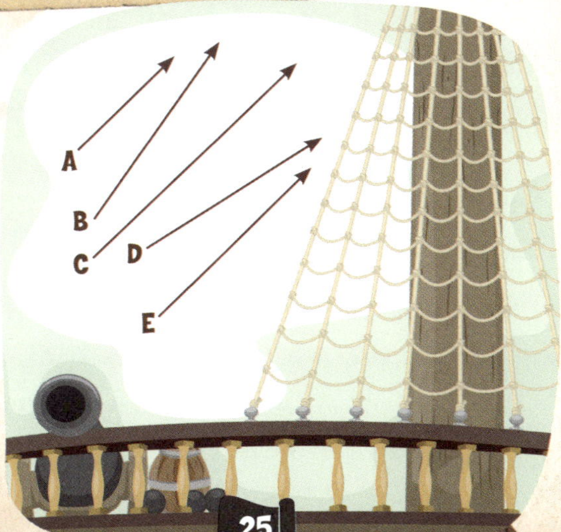

5

En comptant le nombre de fois où apparaît chaque dessin dans la fresque et en plaçant les symboles correspondant à ces trois chiffres dans les logements qui sont en dessous, tu dois obtenir la configuration suivante.

Si c'est bien ce que tu as trouvé, lis le paragraphe **50**. Sinon, pour mieux comprendre tu dois demander de l'aide à Ariane au paragraphe **72** du chapitre **Solutions**.

6

Le seul passage menant au pont est fermé par une lourde trappe à barreaux. De plus, l'escalier qui y mène est complètement détruit. Il n'est pas possible de monter par ici. Le mieux est de tenter de passer par l'extérieur.

Si tu veux fouiller la cale, lis le paragraphe **30**. Sinon, tu peux ressortir par le trou de la coque pour te rendre à la proue (**13**) ou sur le flanc (**45**) du bateau.

7

Tu marches d'un bon pas vers le sud, en longeant des falaises escarpées. Peu après, tu repères une trouée dans le relief. C'est un canyon qui file droit vers l'est. Il va te permettre d'aller dans la bonne direction sans avoir à affronter une escalade épuisante et dangereuse. À peine arrivé à l'entrée du canyon, tu remarques que des rochers n'arrêtent pas de tomber des falaises.

« C'est la passe évoquée sur la carte, explique Ariane.

— Comment puis-je passer sans risque ?

— Il faut utiliser les statistiques. S'il tombe autant de rochers au mètre carré partout dans le canyon, il te faut marcher là où il y en a le plus car il y a moins de risques qu'il en tombe d'autres. »

Observe bien le canyon. Tu dois suivre un chemin te permettant d'aller de gauche à droite en identifiant pour chaque colonne de A à J la case où il y a le plus de rochers. Selon Ariane, c'est le chemin le plus sûr. Si tu penses avoir trouvé la solution, lis le paragraphe **46**.

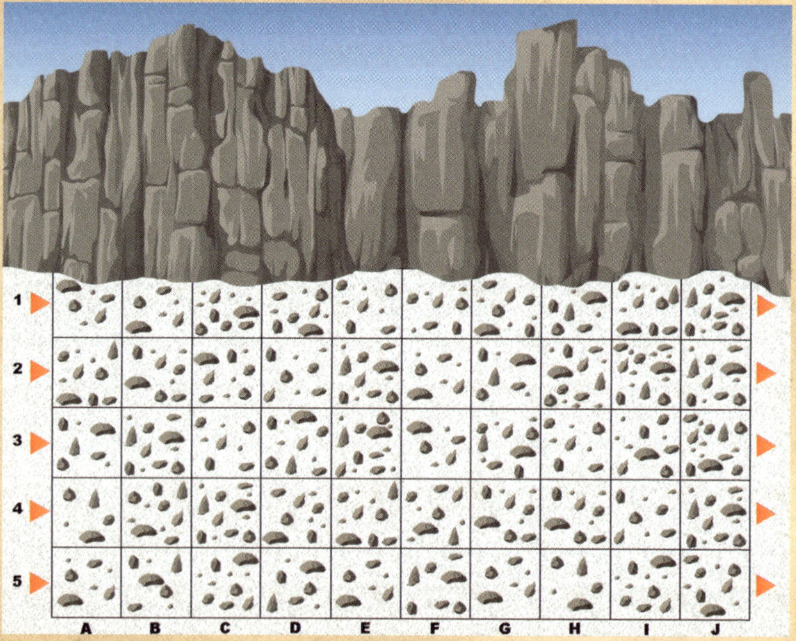

8

Tu te joues des sables mouvants et atteins sans encombre les contreforts rocheux qui occupent la partie orientale de l'île. Après avoir traversé une zone boisée, tu découvres une falaise. Lis le paragraphe **70**.

9

La poupe du navire est surmontée par la cabine du capitaine. En dessous, tu remarques un trou dans la coque qui pourrait te permettre d'accéder directement à la cale.

Si tu veux te glisser dans le trou, lis le paragraphe **53**. Sinon, tu peux te rendre à la proue (**13**), ou sur le flanc (**45**) du bateau.

10

Une fois ton grappin bien accroché, tu te hisses le long de la coque en t'aidant de la corde. Peu après, te voilà sur le pont extérieur du navire.

Lis le paragraphe **60**.

11

« L'emblème des pirates est brodé sur des sacs, déclare Ariane. Il s'agit à coup sûr du trésor de Jack Blade. C'est ce que nous cherchions.

– Tu as raison, mais maintenant que j'y suis, j'ai envie d'en savoir plus sur cette mystérieuse histoire de bateau abandonné, de trésor et de calice.

– Que veux-tu faire ?

– Je vais fouiner un peu... »

Derrière l'immense tas d'or et de bijoux, la grotte comporte deux passages qui s'enfoncent dans l'obscurité. Tu peux explorer celui de gauche (28) ou celui de droite (88).

12

Maintenant que tu possèdes cette carte, tu espères atteindre rapidement ton objectif. Quant à l'arrivée de la civilisation aztèque dans cette chasse au trésor, c'est à la fois inattendu et très excitant.

Connais-tu une **ISSUE À LA GROTTE** ? Si c'est le cas, lis le paragraphe 23. Sinon, va au 47.

13

La figure de proue du bateau représente un lion. En la voyant, tu frémis en pensant aux terribles abordages qu'elle a connus. Certains récits de l'époque racontent que ce lion rugissait lorsqu'il passait à l'attaque. Il s'agit évidemment d'une métaphore, et les seuls rugissements qui devaient retentir en de telles circonstances étaient ceux des pirates et de leurs canons. Quoi qu'il en soit, il n'y a plus aucun doute à avoir. C'est bel et bien le *Rugissant*, le bateau du pirate Jack Blade, qui est devant toi.

Soudain, tu aperçois furtivement un reflet devant tes pieds. Pourrait-il s'agir du trésor que tu cherches ?

Observe bien les cailloux qui sont sous l'eau. Un objet y est caché. Mémorise les coordonnées de la case où tu penses qu'il se trouve et rends-toi au paragraphe **37**.

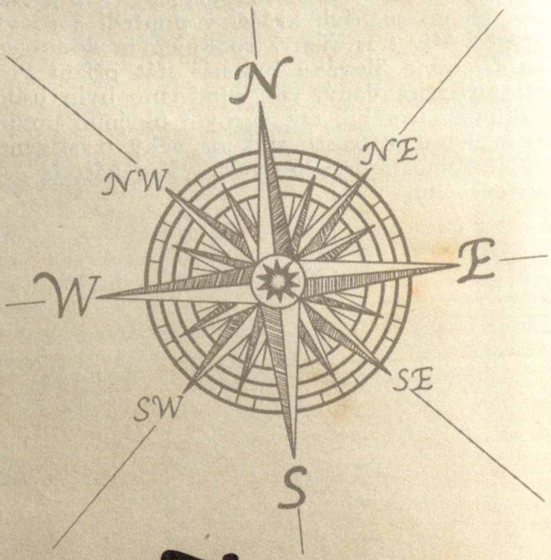

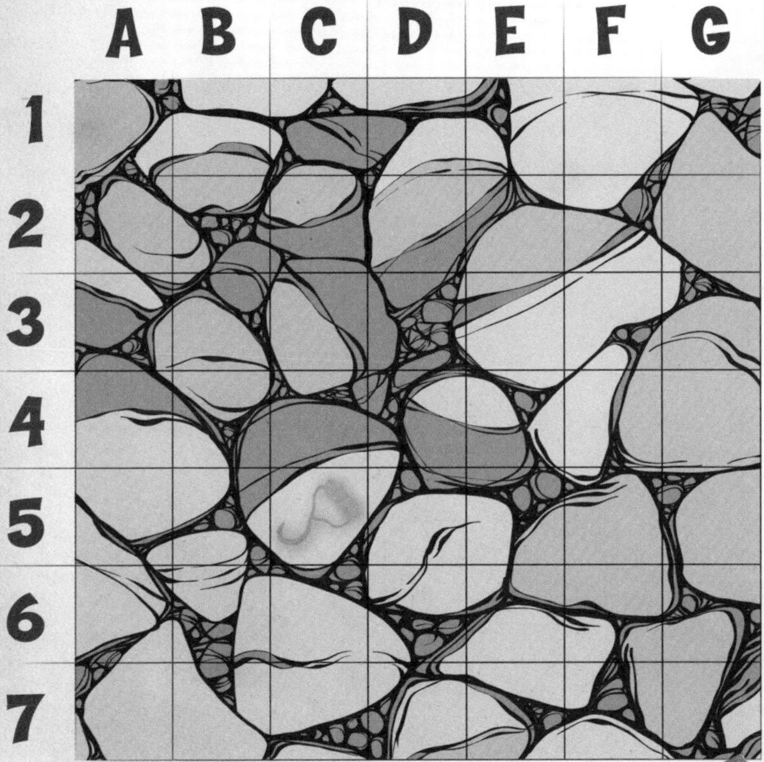
A B C D E F G
1
2
3
4
5
6
7

14

À l'aide de ta longue-vue, tu examines de plus près la gigantesque fresque taillée dans la falaise. Son aspect à la fois complexe et harmonieux te laisse espérer de grandes découvertes. Elle doit bien avoir une signification, mais tu n'as guère le temps de t'y pencher.

Après avoir minutieusement observé cette œuvre d'art, tu prends la direction de la porte de la cité. Lis le paragraphe **99**.

15

Tu aboutis à une plage déserte. Il semble que tu te sois égaré et il te faut rebrousser chemin. Tu peux aller en direction de l'est (**2**) ou du nord-est (**89**).

16

Le gaillard d'avant est légèrement surélevé. Outre la solide chaîne reliée à l'ancre du bateau et le cabestan qui permet de la manœuvrer, tu découvres sur le sol un trousseau de clés. Note dans ton **inventaire** que tu possèdes un **TROUSSEAU DE CLÉS**.

Satisfait de cette découverte, tu redescends sur le pont. Tu peux examiner les canons (**66**), passer par la trappe qui est au sol (lis le paragraphe **71** si tu ne l'as pas encore ouverte ou le **58** si tu l'as déjà fait), grimper à la vigie (84), pénétrer dans la cabine du capitaine (98) ou monter sur le gaillard d'arrière (42).

17

« Excusez-moi, dis-tu d'un air contenu, je ne vois rien sans mes lunettes. Puis-je les récupérer ?

— Ah ah, prends-les, ça ne te donnera pas la réponse », répond le pirate en ricanant.

Tu chausses tes lunettes et entends aussitôt la voix rassurante d'Ariane, qui a tout entendu grâce au micro. Lis le paragraphe 78 du chapitre **Solutions**.

18

Tu récupères la **CORDE** et l'enroules soigneusement dans ton sac à dos. Note dans ton **inventaire** que tu possèdes une **CORDE**.

Si tu veux chercher un moyen de monter sur le pont, lis le

paragraphe 6. Sinon, tu peux ressortir par le trou de la coque pour te rendre à la proue (13) ou sur le flanc (45) du bateau.

19

Tu atteins une clairière où tu peux progresser beaucoup plus facilement.

Tu peux prendre vers l'ouest (43), le nord (29), l'est (95) ou le sud (57).

20

Ce gouffre est trop large pour être franchi d'un bond. Le seul moyen de passer de l'autre côté est de marcher sur un pilier qui l'enjambe. Le seul problème, c'est que dans l'état où il est, si tu t'y aventures, il se cassera en deux et tu feras le grand plongeon. Heureusement, des fragments de pierre sont dans les parages. Trouve comment les agencer pour qu'ils comblent le trou du pilier.

Si tu penses avoir la solution, lis le paragraphe 83.

21

Tu plonges la main dans l'eau et en sors un **CROCHET** métallique. Cet objet servait certainement à attacher les filins des voiles à la coque du bateau. Note dans ton **inventaire** que tu possèdes un **CROCHET**.

Tu peux maintenant te rendre près du flanc (**45**) ou de la poupe (**9**) du bateau.

22

« Cette histoire de calice est très intrigante, dis-tu.

– Tu as raison, Théo, répond Ariane. Non seulement il en est question sur cette fresque aztèque, mais en plus le pirate Jack Blade lui-même semblait le convoiter. Le fait qu'une guerre soit évoquée laisse penser qu'il s'agit d'un artefact ayant une immense valeur historique.

– Ou un pouvoir surnaturel, complètes-tu. Il est fait mention d'un *calice de vie*.

— Arrête, Théo. Tu ne crois quand même pas que cet objet peut donner la vie.

— Hé, pour le savoir, il faut commencer par le trouver. »

Malheureusement, un éboulement a totalement obstrué le passage. Il est impossible d'aller plus loin par cette voie. Tu décides donc de ressortir et de passer par la petite entrée. Lis le paragraphe 74.

23

Tu fais immédiatement le rapprochement entre la voie évoquée sur la carte et les craquelures que tu as aperçues depuis la vigie.

« Je sais où est le passage qui a été bouché par les pirates, annonces-tu à Ariane. Comme le suggère l'annotation sur la carte, le rugissement est un coup de canon. En tirant sur les rochers, je peux ouvrir la voie. »

Possèdes-tu un **BOULET**, de la **POUDRE À CANON** et une **MÈCHE** ? Si c'est le cas, lis le paragraphe 87. S'il te manque un ou plusieurs de ces objets, va au 3.

24

Laissant la passe rocheuse derrière toi, tu découvres une immense plage où une rivière venant du nord se jette dans la mer qui s'étend à perte de vue.

Un coup d'œil sur la carte te montre que tu es sur la côte sud de l'île, à l'endroit où elle forme un golfe. C'est vers l'est que tu dois aller.

Lis le paragraphe 76.

25

Toutes les clés semblent pouvoir entrer dans la serrure du cadenas. Malheureusement, aucune ne tourne. Le mécanisme est rouillé, et il te faudrait être certain d'avoir la bonne clé pour le forcer. Sinon, tu risques de le casser.

Observe bien le cadenas et le trousseau de clés. Tu devrais pouvoir identifier la bonne clé. Lorsque tu l'auras trouvée, lis le paragraphe 77.

26

Tu pénètres dans la cité par la grande entrée d'un pas décidé. Les murs garnis d'inscriptions aztèques sont les témoins d'une histoire très riche. Une série de symboles attire ton attention.

Cela semble important et une traduction s'impose. Si tu penses l'avoir décodé, lis le paragraphe **92**.

6 août 1720.

Aujourd'hui il est temps, il faut que j'agisse.
Mon fidèle navire ne fendra plus les flots.
Naviguer et rugir, puis sombrer dans l'abysse.
Ce n'est pas une fin pour un si beau bateau
À jamais esseulé, que sa gloire fleurisse.
Et qu'il repose en paix dans ce digne tombeau.
Loin de lui il faudra fermer ces cicatrices.
Réprimer le complot, ce terrible fléau.
Le trésor à mes hommes, et pour moi le calice.
Dans la cité secrète, mon ultime cadeau.
Une carte enfermée sera le seul indice.
Protégé par le roi de tous les animaux.

Jack Blade.

27

Sur le bureau, tu trouves le journal de bord du capitaine. Cet ouvrage constitue à lui seul un véritable trésor historique. Il regorge de détails sur Jack Blade, sur sa vie de pirate et sur celle de son équipage à bord du *Rugissant*. Grâce à lui, tu devrais même être capable de découvrir de nouvelles épaves portées disparues.

En te rendant à la dernière page remplie du journal, tu découvres un médaillon au dos duquel figure la lettre « L ». Note dans ton **inventaire** que tu possèdes le **MÉDAILLON « L »**.

Le texte qui est écrit sur cette page est très intéressant.

« Tu as lu ça, Ariane ? demandes-tu.

— Oui, Théo, répond-elle. Ce texte est écrit en vers, et les rimes font même penser au célèbre *oh-hisse* dit par les marins pour synchroniser leurs efforts. Ce pirate était un poète et ce journal nous en apprend bien plus sur lui que les centaines de livres que nous avons étudiés dans les bibliothèques du monde entier.

– Je suis d'accord. Il adorait son bateau et il l'a abandonné ici pour lui faire honneur. Ce poème explique la mystérieuse disparition de Jack Blade.

– Il a laissé son trésor à son équipage et s'est contenté d'un mystérieux calice, quelque part, dans une cité secrète. Ça devait être sa cachette et ça explique pourquoi tu n'as pas vu le moindre squelette de pirate ni la moindre richesse dans ce bateau. Veux-tu abandonner ?

– Il n'en est pas question ! Le trésor est sur cette île et je vais le trouver !

– Dépêche-toi, il te reste peu de temps ! »

Tu peux maintenant inspecter l'armoire (63), examiner le tableau (79), essayer d'ouvrir le coffre (39) ou ressortir sur le pont (60).

28

La grotte où tu te trouves est poussiéreuse. Tu remarques un gros tas de terre et de cailloux, ainsi que l'entrée d'un tunnel sommairement étayé. Juste devant, un squelette coiffé d'un tricorne est assis contre un tonneau.

Tu peux t'approcher du squelette pour l'examiner de plus près (59). Visiblement, quelqu'un a essayé de creuser un tunnel pour s'échapper. En vain. Ce tunnel se termine en cul-de-sac au bout de quelques mètres. Mais, tu peux retourner dans la grotte du trésor et t'engager dans le passage de droite (88), ou bien ressortir dans la salle du gouffre pour monter l'escalier (41).

29

Tu atteins un bourbier qui ne t'inspire pas du tout. Il est préférable de changer de direction. Tu peux prendre vers l'ouest (61), l'est (82) ou le sud (19).

30

Les caisses, les tonneaux et les paniers ne contiennent que des objets rouillés, cassés, moisis et inintéressants. Il n'y a malheureusement aucun trésor ici. Les pirates l'auraient-ils caché ailleurs ? Tu remarques cependant sur le sol un amas de cordages qui a été miraculeusement préservé. Une **CORDE** pourrait bien t'être utile pour peu qu'elle soit suffisamment longue.

Observe les cordes et trouve celle qui n'est pas coupée. Mémorise son numéro et rends-toi au paragraphe 49.

1
2
3
4
5

31

Tu bondis par-dessus le ruisseau et atteins sans problème l'autre rive. Après avoir poursuivi vers l'est, tu finis par sortir de la forêt. Devant toi se dresse une falaise. Lis le paragraphe **70**.

32

Un rapide examen des boulets te montre qu'ils ne sont plus très ronds. Le temps les a abîmés. Cependant, en cherchant bien, tu en trouves un qui a été parfaitement conservé.

Note dans ton **Inventaire** que tu possèdes un **BOULET DE CANON**, puis retourne au paragraphe **51**.

33

« À mon avis, il s'agit du trésor des Aztèques, annonces-tu à Ariane

– Je ne pense pas, Théo, contredit-elle.

Observe bien tous les éléments du trésor et tu comprendras. »

Ce conseil revient à te donner la réponse. Coche une case **Solutions** et lis le paragraphe **11**.

34

La bonne trajectoire correspond à la flèche « E ». Si c'est bien ce que tu as trouvé, va au **10**. Sinon, tu t'es trompé et, pour mieux comprendre, tu dois demander de l'aide à Ariane au paragraphe **4** du chapitre **Solutions**.

35

Tu marches bon train parmi les rochers et les herbes sauvages. Peu après, une odeur désagréable te monte au nez. Plus tu avances et plus elle devient forte. Un peu plus loin, tu finis par comprendre d'où elle vient. Il s'agit d'un marécage. C'est ce que Jack Blade a nommé « l'antre des feux follets » sur sa carte. Cette métaphore est aussi amusante qu'inquiétante.

À cet instant, tu remarques un gros rocher sur lequel des inscriptions sont gravées.

Il s'agit vraisemblablement d'un indice laissé par les pirates du *Rugissant*. Ils ont dû passer par ici quand ils sont allés vers la mystérieuse cité. Tu es sur la bonne voie. Cependant, dans ce marais, il est hors de question de filer tout droit dans les eaux stagnantes, d'autant que

des crocodiles semblent fréquenter les lieux. Comment franchir ce bourbier cachant pièges et prédateurs ?

Observe bien l'image du marais et, en te servant de l'indice du rocher, trouve le chemin te permettant d'aller de la case située en bas à gauche à celle qui est en haut à droite.

Si tu penses avoir trouvé le bon chemin, lis le paragraphe **68**.

36

Tu t'approches de la rivière et cherches des rochers sur lesquels poser les pieds. Après avoir fait quelques pas et malgré tes talents d'équilibriste, tu glisses et tombes dans l'eau. Tu as beau te débattre, le courant est trop fort et t'entraîne irrémédiablement.

Après une longue descente ou tu te fais chahuter dans tous les sens, tu finis par atteindre une immense plage où la rivière se jette dans la mer, qui s'étend à perte de vue.

Groggy, tu sors de l'eau et te remets en marche. Un coup d'œil sur la carte te montre que tu es sur la côte sud de l'île, à l'endroit où elle forme un golfe. C'est vers l'est que tu dois aller. Lis le paragraphe **76**.

37

Un objet se trouve dans la case C5. Si c'est bien ce que tu as trouvé, lis le paragraphe **21**.

Sinon, tu as fait une erreur et tu dois demander de l'aide à Ariane en lisant le paragraphe **13** du chapitre **Solutions**.

38

« Je suis un chasseur de trésor, déclares-tu. J'ai trouvé le *Rugissant* et votr... »

Le capitaine ne te laisse même pas finir ton explication. Il fend l'air avec son sabre et met un terme à ta vie. La dernière image que tu vois est celle de son visage courroucé et le dernier son que tu entends est son rugissement :

« MEURS ! »

Ton aventure s'achève ici. Tu as été bien mal inspiré en dévoilant ton véritable objectif. Avec tout ce que tu as appris sur lui et sur son histoire, tu aurais dû te douter qu'un pirate tel que Jack Blade ne pouvait entendre cela. Essaie une nouvelle fois cet Escape Game et n'hésite pas à faire d'autres choix.

39

Ce coffre, d'une robustesse sans faille, est muni d'un mécanisme d'ouverture plutôt étrange. Il s'agit d'une plaque comportant quatre logements circulaires alignés.

Si tu possèdes quatre médaillons, lis le paragraphe 73. Sinon, continue de fouiller le bateau. Tu peux inspecter l'armoire (63), examiner le tableau (79), t'approcher du bureau (27) ou ressortir sur le pont (60).

40

Le bon ordre est Mèche → Poudre à canon → Boulet. Si c'est bien ce que tu as trouvé, va au 64. Sinon, tu t'es trompé et tu dois demander de l'aide à Ariane au paragraphe 91 du chapitre **Solutions**.

41

L'escalier te conduit dans un couloir. À ta gauche, un éboulement semble l'avoir totalement obstrué. À ta droite, il s'enfonce dans l'obscurité. Heureusement, ta **LAMPE TORCHE** te permet d'y voir clair. Sur le sol, tu remarques des dalles sur lesquelles des symboles aztèques sont gravés.

Dès que tu poses ton pied sur une première dalle, elle s'effondre et tu vois les morceaux tomber dans un trou très profond. Ce couloir est un piège mortel !

Sur quelles dalles vas-tu marcher pour le traverser ?

Si tu penses avoir trouvé la solution, lis le paragraphe **65**. Si tu hésites ou si tu ne sais pas du tout où marcher, es-tu bien sûr d'avoir exploré tout ce qu'il y avait dans la salle du gouffre ? Même si cela va te faire perdre un temps précieux, tu peux y retourner en allant au **74**.

42

Le gaillard d'arrière domine le pont. C'est là que se trouve la barre qui commande le gouvernail du bateau. *Jack Blade a dû passer beaucoup de temps ici,* songes-tu en prenant la barre en main. Tu t'imagines aux commandes de ce bateau, voguant sur l'océan à la recherche d'une proie. Quelle vie incroyable ça devait être !

Tu remarques alors que le centre est occupé par un médaillon amovible. Tu le sors de son logement et constates que la lettre « O » est gravée à son verso.

Note dans ton **inventaire** que tu possèdes le **MÉDAILLON « O »**.

Tu redescends ensuite sur le pont. Tu peux examiner les canons (66), passer par la trappe qui est au sol (lis le paragraphe 71 si tu ne l'as pas encore ouverte ou le 58 si l'as déjà fait), grimper à la vigie (84), pénétrer dans la cabine du capitaine (98) ou aller sur le gaillard d'avant (16).

43

Cette marche parmi les rochers et les racines est délicate.

Tu peux poursuivre vers l'ouest (2), aller vers le nord (61) ou bien vers l'est (19).

44

Sitôt la dernière lettre inscrite, tu lèves les yeux vers le pirate. Son visage courroucé s'adoucit et prend un air mélancolique. Il te fait signe de te relever.

Si tu n'as pas encore récupéré tes lunettes, tu le fais tout en te redressant et les chausses immédiatement. Dans ton oreille, Ariane t'adresse des mots réconfortants mais aussi un avertissement à ne pas prendre à la légère.

« Tu as merveilleusement agi, Théo. Maintenant, ne traîne pas ici. La concurrence vient de parachuter des hommes sur l'île. Ils sont armés. S'ils vous trouvent, je crains le pire. Je vais amerrir et t'attendre sur la plage orientale, c'est la plus proche de la cité. »

Lis le paragraphe **100**.

45

Le flanc de ce bateau est un peu plus bas que la proue et la poupe. Cependant, il

est bien trop haut pour que tu puisses monter à bord à mains nues. Il te faudrait lancer un grappin, mais encore faut-il en avoir un. Si tu possèdes une **CORDE** et un **CROCHET**, va au **4**. Sinon, rends-toi à la proue (**13**) ou à la poupe (**9**) du navire.

46

Le chemin le moins risqué est A2-B3-C4-D3-E3-F4-G3-H2-I2-J3. Si c'est bien ce que tu as trouvé, lis le paragraphe **24**. Sinon, tu t'es trompé et, pour mieux comprendre, tu dois demander de l'aide à Ariane au paragraphe **7** du chapitre **Solutions**.

47

« Où peut bien se trouver la voie évoquée sur la carte ? demandes-tu à Ariane.

– En traitant les images transmises par tes lunettes, j'ai repéré des craquelures dans les rochers tout au fond de la grotte, répond-elle.

Je pense que c'est une issue.

— En es-tu sûre ?

— Oui, Théo. Tu les aurais certainement vues si tu étais monté à la vigie. »

En scrutant les alentours, tu finis par apercevoir ces craquelures. Tu en déduis que ce passage a certainement été bouché par les pirates. Comme le suggère l'annotation sur la carte, le rugissement est un coup de canon. En tirant sur les rochers, tu peux ouvrir la voie.

Coche une case **Solutions**.

Possèdes-tu un **BOULET**, de la **POUDRE À CANON** et une **MÈCHE** ? Si c'est le cas, lis le paragraphe **87**. S'il te manque un ou plusieurs de ces objets, va au **3**.

48

À cet endroit, la rivière est plus calme et ne semble pas très profonde. Cependant, lorsque tu aperçois des crocodiles sur la rive opposée, l'idée de traverser te refroidit très vite.

Mieux vaut faire demi-tour au 86.

49

Seule la corde 4 n'est pas coupée. Si c'est bien celle que tu as identifiée, va au **18**. Sinon, tu t'es trompé et tu dois demander de l'aide à Ariane au paragraphe **30** du chapitre **Solutions**.

50

Sitôt le dernier symbole placé, un grondement retentit. La paroi de pierre se met à tourner et à se déplacer sur le côté, ouvrant un passage par lequel tu t'introduis.

Tout à coup, tu reçois un coup sur la tête. Tu tombes et mets quelques instants avant de comprendre ce qui se passe. Tes lunettes connectées ont volé un peu plus loin. Cette fois, tu es seul face au danger. Acculé au sol, tu es menacé par un homme charpenté qui te toise de toute sa hauteur. Avec son tricorne et sa redingote, il a tout l'air d'être un pirate du XVIIIe siècle !

« Tu viens voler mon calice et mon trésor, tu vas mourir ! tonne-t-il en brandissant un sabre d'abordage.

— Non, je ne viens pas pour cela ! » hurles-tu.

Tu reconnais instantanément ce visage. Malgré une peau pâle, presque momifiée, et le regard fou de son unique œil valide, il ressemble beaucoup à celui que tu as vu sur le tableau dans la cabine du *Rugissant*. Aussi invraisemblable que cela puisse paraître, tu es face à Jack Blade en personne, un homme qui a disparu il y a 300 ans !

« Qui es-tu et que fais-tu ici, si ce n'est pour me voler ? », demande le pirate en te menaçant de la pointe de son sabre.

Que vas-tu lui répondre ? Que tu es un chasseur de trésor à la recherche de celui du *Rugissant* (**38**) ou que tu es un ami venu l'aider à protéger son trésor (**78**) ?

51

Autour de toi, tu vois plein d'objets qui témoignent de la vie trépidante des pirates. Il y a des caisses, des tonneaux, des sacs et même

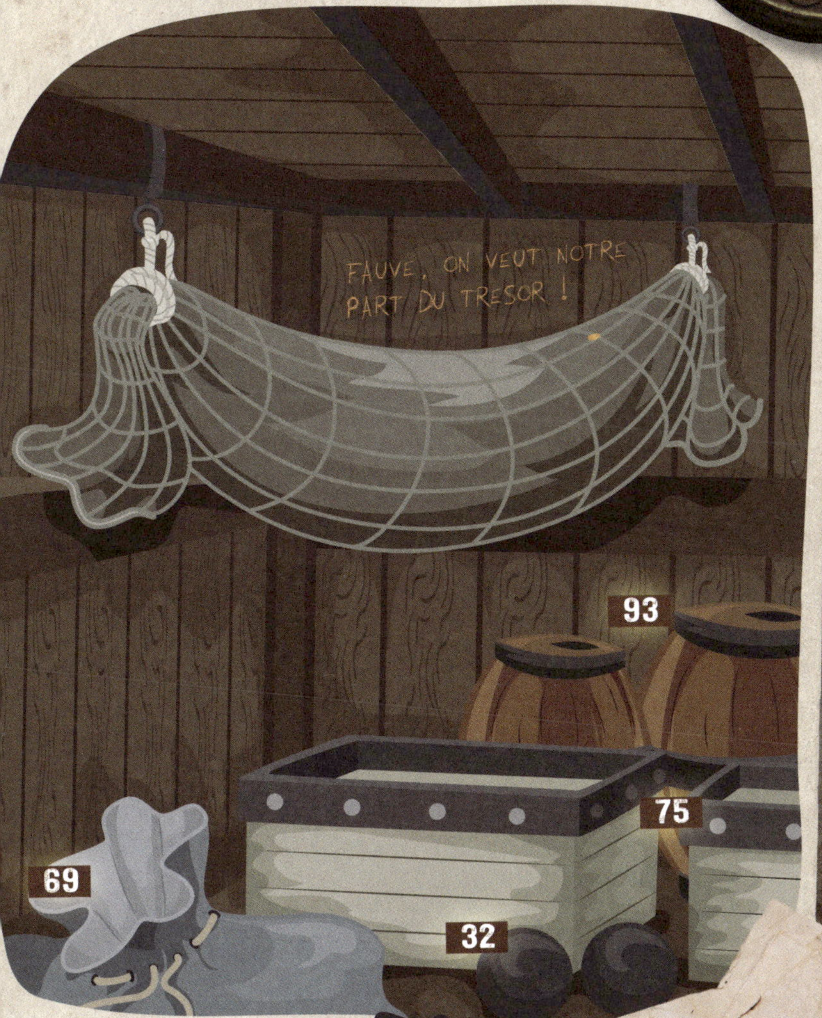
FAUVE, ON VEUT NOTRE
PART DU TRESOR !
93
75
69
32

des boulets de canons. *L'équipage de ce bateau devait compter au moins 50 pirates*, penses-tu en faisant l'inventaire de tous les hamacs qui pendent au plafond.

Tu peux fouiller les tonneaux (93), les caisses (75), les sacs (69), t'intéresser aux boulets (32) ou aller tout à l'avant où tu aperçois des canons (81). Si tu as terminé ton exploration du pont intérieur, remonte à l'échelle et lis le paragraphe 60.

52

D'un doigt tremblant mais appliqué, tu écris le mot « FAUVE » dans les cases. Si c'est bien ce que tu as trouvé, lis le paragraphe 44. Sinon, va au 85.

53

Te voilà à l'intérieur du bateau et plus précisément dans la cale. Une forte odeur de moisi inonde l'atmosphère. À la lumière de ta lampe torche, tu explores les lieux du regard.

Il y a des tonneaux, des coffres et des paniers, pour la plupart bien conservés.

Si tu veux fouiller la cale, lis le paragraphe **30**. Si tu préfères chercher un moyen de monter sur le pont, lis le paragraphe **6**. Sinon, tu peux ressortir par le trou de la coque pour te rendre à la proue (**13**) ou sur le flanc (**45**) du bateau.

54

Les cases correspondant aux sables mouvants sont coloriées sur le dessin de la plage.

Si c'est bien ce que tu as trouvé, va au 8. Sinon, tu t'es trompé et, pour mieux comprendre, tu dois demander de l'aide à Ariane au paragraphe 76 du chapitre **Solutions**.

55

Sitôt le quatrième médaillon placé, tu entends un déclic. Le couvercle du coffre se déverrouille et tu l'ouvres fébrilement. Dedans, tu découvres un parchemin sur lequel est dessinée une carte.

De toute évidence, tu as entre les mains l'indice évoqué dans le poème.

« Bravo, Théo, c'est la carte du trésor ! s'exclame Ariane. Tu n'as plus qu'à suivre les indications. »

Sous la carte, tu trouves également un étrange document composé de symboles, de lettres et de chiffres.

« C'est un codex ! explique Ariane, enthousiaste. Les symboles semblent être aztèques. Quelle incroyable découverte ! »

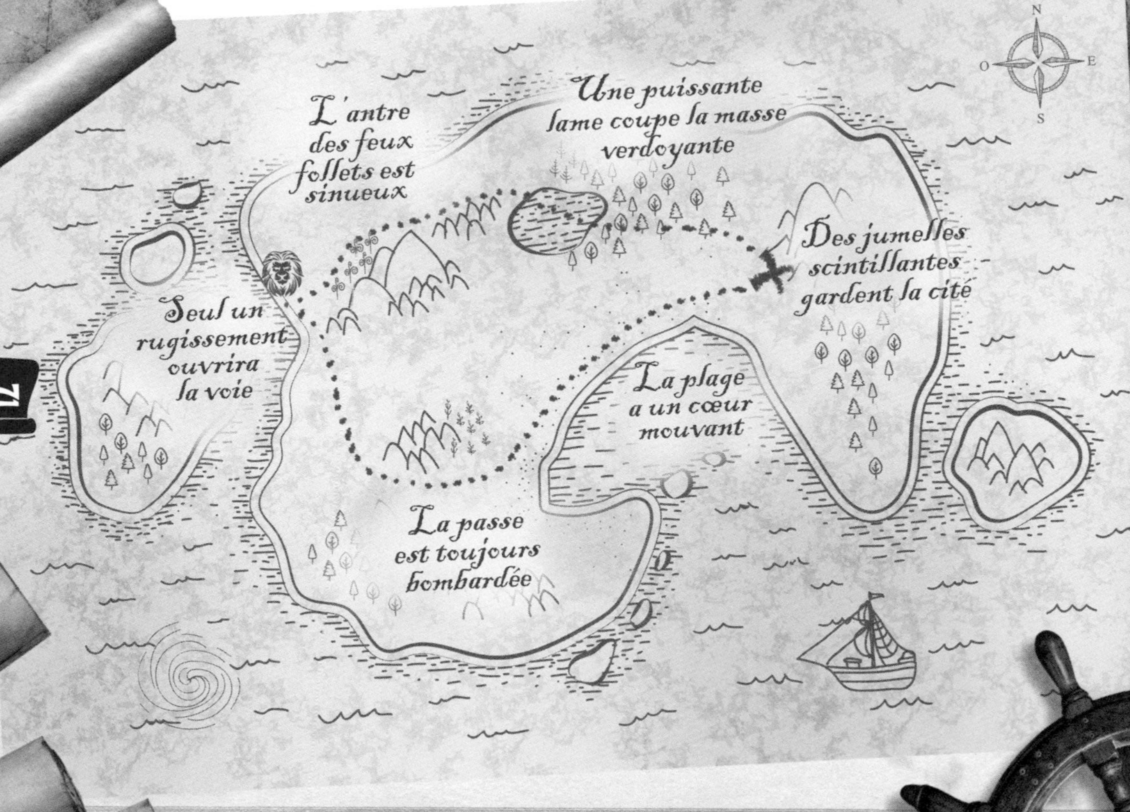
N
O
E
S
L'antre
des feux
follets est
sinueux
Une puissante
lame coupe la masse
verdoyante
Des jumelles
scintillantes
gardent la cité
Seul un
rugissement
ouvrira
la voie
La plage
a un cœur
mouvant
La passe
est toujours
bombardée

Note dans ton **inventaire** que tu possèdes la **CARTE DE L'ÎLE** et un **CODEX AZTÈQUE**.

Si tu veux te lancer immédiatement dans la recherche du trésor en suivant les directives de la carte, lis le paragraphe **12**. Si tu préfères d'abord finir de fouiller le bateau, retourne sur le pont intérieur (**60**) et note que tu pourras ensuite directement revenir ici (**55**).

56

Te voilà enfin de l'autre côté du gouffre. La fresque représente un guerrier aztèque encadré par deux colonnes décorées. Au-dessus, tu découvres une inscription en langue aztèque que tu traduis sans problème :

Si tu as compris ce qu'il faut faire et que tu as la solution, lis le paragraphe **90**.

57

Une fois le marais traversé, tu atteins la lisière d'une forêt. Le soleil tape fort et tu n'es pas mécontent de profiter du couvert des arbres. Au milieu de cette verdure très dense, tu perds rapidement tes repères et ta progression est difficile.

Tu peux aller vers le nord (19) ou vers l'est (86).

58

La grille s'ouvre en grinçant. Une échelle permet d'accéder au pont intérieur. Tu y descends prudemment et aboutis sur un plancher poussiéreux.

Lis le paragraphe 51.

59

De toute évidence, ce squelette est celui d'un pirate. Pourrait-il s'agir de Jack Blade ? En tout cas, sa position n'est pas enviable. Elle laisse penser qu'il a fini ses jours ici à attendre tristement en buvant le contenu d'un tonneau de rhum.

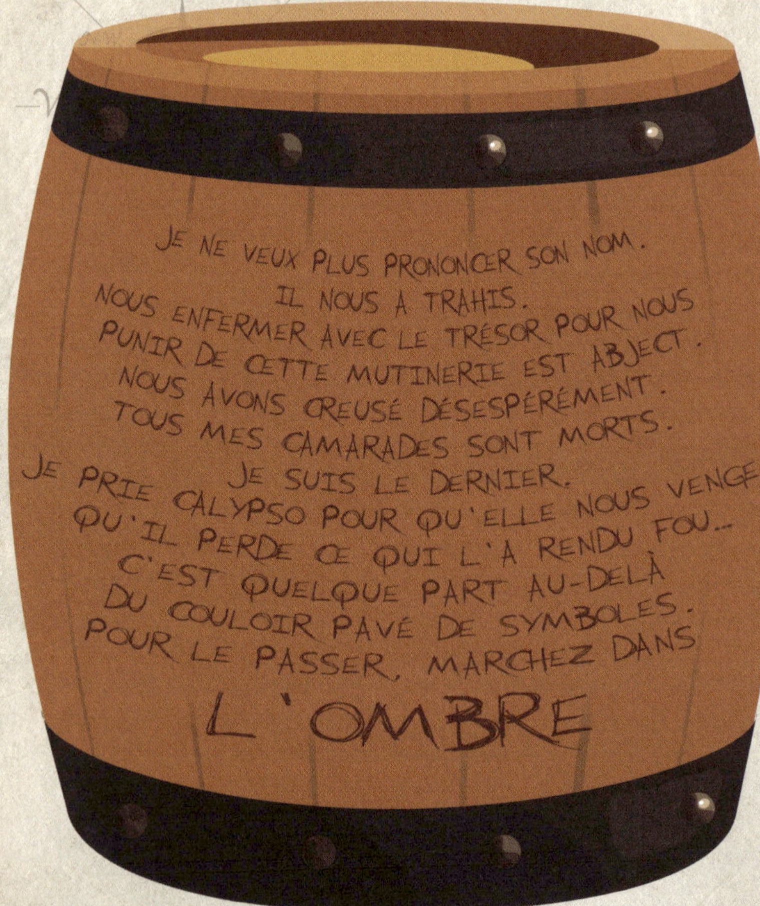
JE NE VEUX PLUS PRONONCER SON NOM.
IL NOUS A TRAHIS.
NOUS ENFERMER AVEC LE TRÉSOR POUR NOUS
PUNIR DE CETTE MUTINERIE EST ABJECT.
NOUS AVONS CREUSÉ DÉSESPÉRÉMENT.
TOUS MES CAMARADES SONT MORTS.
JE SUIS LE DERNIER.
JE PRIE CALYPSO POUR QU'ELLE NOUS VENGE.
QU'IL PERDE CE QUI L'A RENDU FOU...
C'EST QUELQUE PART AU-DELÀ
DU COULOIR PAVÉ DE SYMBOLES.
POUR LE PASSER, MARCHEZ DANS
L'OMBRE

En examinant le tonneau, tu remarques des inscriptions gravées dans le bois.

Tu commences à mieux comprendre l'histoire du capitaine et de son équipage. C'est un véritable drame qui s'est déroulé ici.

Tu peux maintenant retourner dans la grotte du trésor et t'engager dans le passage de droite (88), ou bien ressortir dans la salle du gouffre pour monter l'escalier (41).

60

Devant toi s'étend une série de canons qui semblent prêts à faire feu. Les mâts sont également debout et des voiles en lambeaux y pendent en ondulant lentement comme si elles attendaient le réveil du vent. En cet instant, un frisson te parcourt le corps. Tu te sens revenu à l'époque des pirates et tu crains de les voir surgir d'un instant à l'autre.

Tu te rends alors compte que l'eau monte. Si cela continue, tu ne pourras pas sortir de la grotte avant la marée descendante.

Le seul problème, c'est que cela n'arrivera que dans six heures et que tu en as moins de deux devant toi. Comme il n'est pas question d'abandonner si près du but, tu décides de poursuivre ton exploration.

Tu peux examiner les canons (66), essayer d'ouvrir la trappe qui est au sol (lis le paragraphe 71 si tu ne l'as pas encore ouverte ou le 58 si tu l'as déjà fait), grimper à la vigie (84), pénétrer dans la cabine du capitaine (98), aller sur le gaillard d'avant (16) ou monter sur le gaillard d'arrière (42).

61

La végétation devient vraiment trop dense pour continuer d'avancer. Il est préférable de changer de direction.

Tu peux aller vers l'ouest (89), l'est (29) ou le sud (43).

62

Il faut appuyer sur les symboles  et . Si c'est bien ce que tu as trouvé, lis le paragraphe 67. Sinon, tu t'es trompé et, pour mieux comprendre, tu dois demander de l'aide à Ariane au paragraphe 99 du chapitre **Solutions**.

63

L'armoire n'est pas verrouillée. En l'ouvrant, ses portes tombent sur le sol et te font faire un bond en arrière. Quelle peur tu as eue !

Dedans, tu découvres une longue-vue poussiéreuse. Cependant, elle est encore parfaitement fonctionnelle.

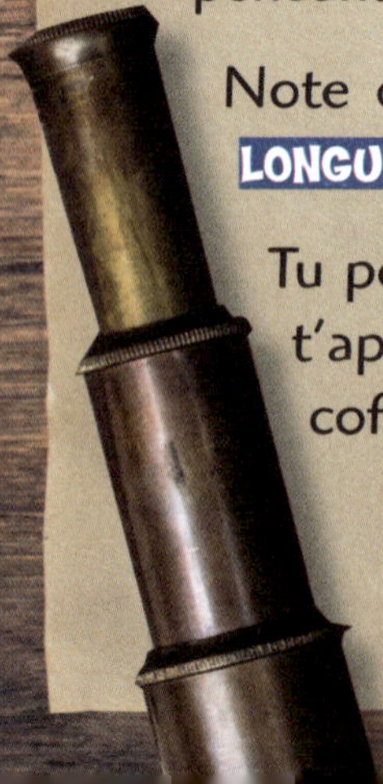

Note dans ton **Inventaire** que tu possèdes une **LONGUE-VUE**.

Tu peux examiner maintenant le tableau (79), t'approcher du bureau (27), essayer d'ouvrir le coffre (39) ou ressortir sur le pont (60).

64

Après avoir inséré la mèche dans le petit orifice prévu à cet effet, tu verses de la poudre dans le fût du canon et y introduis le boulet que tu pousses bien au fond. Tu vises les craquelures dans les rochers et allumes la mèche avec ton briquet.

Pchhhhhhh... BAOUM !

Le bruit résonne dans toute la grotte et le boulet frappe les rochers exactement à l'endroit prévu. Une fois le calme revenu et la fumée dissipée, tu aperçois une trouée par laquelle s'engouffre la lumière du jour.

Tu peux maintenant sortir de la grotte. Lis le paragraphe **80**.

65

Il faut marcher successivement sur les dalles O, M, B, R et E, qui sont respectivement frappées des symboles , , , 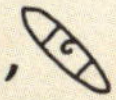 et . Si c'est bien ce que tu as trouvé, lis le paragraphe **72**. Sinon, tu dois demander de l'aide à Ariane au paragraphe **41** du chapitre **Solutions**.

66

Malgré leur vieillesse, ces canons semblent en bon état. Il suffirait de les bourrer de poudre, d'y introduire des boulets, de trouver des mèches et de les allumer pour les faire rugir à nouveau.

Tu peux essayer d'ouvrir la trappe qui est au sol (lis le paragraphe 71 si tu ne l'as pas encore ouverte ou le 58 si l'as déjà fait), grimper à la vigie (84), pénétrer dans la cabine du capitaine (98) ou monter sur le gaillard d'arrière (42) ou le gaillard d'avant (16).

67

Un déclic retentit et la porte s'entrouvre dans un grondement. Tu la franchis et découvres un tunnel montant abruptement au bout duquel brille la lumière du jour. Un escalier taillé dans la pierre permet de monter. Tu t'y engages et, lorsque tu arrives au bout, tu découvres un étonnant endroit. C'est un plateau verdoyant entouré de hautes falaises où se trouve un lac. L'eau est si limpide que tu peux aisément voir le fond. Au milieu du lac se dresse un îlot dont certains rochers ont été taillés en formes de visages. Leurs bouches grandes ouvertes sont intimidantes et semblent constituer des entrées.

« Bravo, Théo, tu es entré dans la cité secrète. Tu y es presque ! » t'encourage Ariane.

Des piliers de pierre recouverts de mousse indiquent qu'un pont permettait jadis d'aller sur l'île, mais le temps a dû avoir raison de lui. Tu décides donc d'y aller à la nage. Malgré la fraîcheur de l'eau, tu plonges sans hésiter et, après quelques brasses vigoureuses, tu atteins l'île.

Si tu décides de pénétrer dans la cité par la grande entrée, va au **26**. Si tu préfères passer par la petite entrée, va au **74**.

68

Le chemin à suivre est « N NE E NE E S SE NE E NE NE N NO O SO NO O NO O NO NE E E E SE E E E NE E ». Si c'est bien ce que tu as trouvé, lis le paragraphe 57. Sinon, tu t'es trompé et, pour mieux comprendre, tu dois demander de l'aide à Ariane au paragraphe 35 du chapitre **Solutions**.

69

Les sacs sont en très mauvais état. Le tissu a été rongé et ce qu'il contenait a quasiment disparu. Il n'y a rien d'intéressant à dénicher. Retourne au paragraphe 51.

70

Deux puissantes cascades bordent une immense fresque aztèque taillée dans la roche. C'est un spectacle fascinant.

« Ces cascades sont les jumelles scintillantes évoquées sur la carte, dit Ariane.

– Oui, cette falaise marque donc l'entrée de la cité secrète.

– Continue sans perdre de temps. La concurrence n'est plus très loin... »

Ton instinct te dit que tu es proche du but. Si tu possèdes une **LONGUE-VUE**, lis le paragraphe **14**. Si tu n'en as pas ou que tu préfères éviter de perdre du temps, rends-toi devant la porte de la cité (**99**).

71

La trappe est fermée par un solide cadenas. Si tu possèdes un **TROUSSEAU DE CLÉS**, lis le paragraphe **25**. Sinon, il ne faut pas compter l'ouvrir par la force.

Tu peux examiner les canons (**66**), grimper à la vigie (**84**), pénétrer dans la cabine du capitaine (**98**), aller sur le gaillard d'avant (**16**) ou monter sur le gaillard d'arrière (**42**).

72

Le couloir te conduit devant un mur sur lequel est dessiné un magnifique serpent coloré enroulé en forme de spirale. À côté, tu vois trois dessins sous lesquels se trouvent des logements rectangulaires. Au pied de la fresque, des pavés frappés de symboles aztèques sont posés sur le sol.

Si tu penses avoir compris ce qu'il faut faire et avoir la solution, lis le paragraphe **5**.

73

Les quatre médaillons font la même taille et ont tous la même apparence. Ils ne se différencient que par les lettres « O, L, N et I » gravées sur leurs revers. Il faut trouver le bon ordre pour les placer sur le coffre.

O L N I

Si tu penses avoir trouvé la solution, lis le paragraphe 96.

74

Tu t'engouffres dans la petite bouche et aboutis à une salle traversée par un gouffre au fond de laquelle se trouve une fresque. Tu remarques également un étroit escalier taillé dans la roche qui conduit à un passage.

Si tu veux monter l'escalier et entrer dans le passage, va au **41**. Si tu choisis de t'aventurer vers le gouffre afin d'examiner la fresque, va au **20**.

75

Les caisses sont encore solides. Elles contiennent divers outils et des restes de vêtements. Avec eux, tu pourras créer un déguisement de pirate très convaincant, mais l'heure n'est pas à l'amusement. Dans l'une d'elles, tu découvres une boîte contenant des mèches. Après avoir vérifié qu'elles fonctionnent avec ton bri-

quet, tu prends celle qui est dans le meilleur état.

Note dans ton **inventaire** que tu possèdes une **MÈCHE**, puis retourne au paragraphe **51**.

76

Rapidement, tu t'aperçois que tes chaussures s'enfoncent de plus en plus dans le sable.

« Qu'en penses-tu, Ariane ? demandes-tu.

— Cette plage regorge de sables mouvants, Théo. Il te faut faire attention où tu mets les pieds.

— Peux-tu me guider ?

— Tout ce que je peux faire, c'est quadriller la plage et te donner le nombre de cases contenant des sables mouvants. »

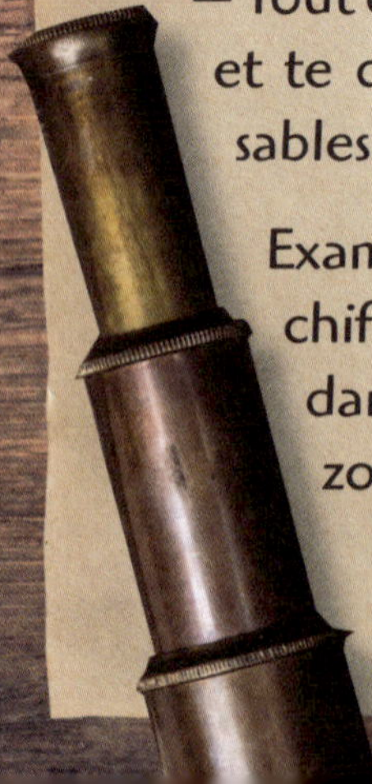

Examine bien le tableau de la plage. Chaque chiffre indique le nombre de cases correspondant à des sables mouvants, séparées par des zones sûres, par colonne et par ligne.

En faisant preuve de logique, tu devrais pouvoir localiser toutes les zones dangereuses.

	3 1	1 1	4	3 1	1 1 1	3	3	1 2	2	1
9										
1 2 2 1										
1 5										
2 1										
1 2 1 1										

Si tu penses avoir trouvé toutes les cases où se cachent des sables mouvants, lis le paragraphe **54**.

77

La bonne clé est marquée de la lettre E. Si c'est bien ce que tu as trouvé, va au **58**. Sinon, tu t'es trompé et tu dois de-

mander de l'aide à Ariane au paragraphe **25** du chapitre **Solutions**.

78

« Je suis venu vous aider à protéger votre trésor, déclares-tu. Des hommes veulent le voler. Ils seront ici d'un instant à l'autre.

– QUE DIS-TU ! rugit le pirate. Personne ne prendra mon trésor, PERSONNE, tu m'entends !

– Écoutez, capitaine, poursuis-tu. Je connais votre histoire, celle du *Rugissant* et de son équipage, ainsi que le pouvoir du calice. Je ne vous juge pas. Mais si vous ne m'écoutez pas, vous perdrez bientôt tout ce que vous avez : vos richesses et votre vie. Ces hommes sont prêts à tout pour parvenir à leurs fins. »

Le pirate t'observe d'un air circonspect. Puis, avec la pointe de son sabre, il trace cinq cases sur le sol, et déclare :

« Si tu me connais autant, dis-moi comment me surnomme mon équipage. C'est un mot de cinq lettres. Alors seulement je te ferai confiance. Attention, si tu te trompes, je te tue sur-le-champ ! »

Si tu penses avoir trouvé la solution et que tu es absolument sûr de toi, lis le paragraphe 52. Si tu hésites, tu peux essayer de récupérer tes lunettes afin d'avoir l'avis d'Ariane en te rendant au paragraphe 17.

79

Le tableau représente un pirate borgne affublé d'un oiseau multicolore. Il ne fait aucun doute qu'il s'agit de Jack Blade. Après tous les écrits que tu as lus à son sujet, c'est la première fois que tu vois une représentation de ce pirate. Cette découverte ne fait qu'accroître ton impatience de trouver son trésor.

Tu remarques un médaillon coincé entre le mur et le tableau. Tu le prends et constates que la lettre « N » est gravée à son verso. Note dans ton **inventaire** que tu possèdes le **MÉDAILLON « N »**.

Tu peux maintenant inspecter l'armoire (63), t'approcher du bureau (27), essayer d'ouvrir le coffre (39) ou ressortir sur le pont (60).

80

Tu descends du bateau et prends la direction du passage. Après avoir franchi l'éboulis que tu viens de provoquer et cheminé dans un long tunnel naturel, tu débouches enfin à l'air libre. Tu es en haut d'une falaise surplombant l'entrée de la grotte par laquelle tu es arrivé. L'eau est beaucoup montée et ton équipement de parachutiste a été englouti.

La carte indique deux chemins menant à la cité évoquée dans le poème. Lequel vas-tu choisir ? Celui du Nord (35) ou celui du Sud (7) ?

81

Il y a bien d'autres canons à l'avant du pont intermédiaire. Décidément, le *Rugissant* était armé jusqu'aux dents. Tu remarques une étrange gravure sur la coque que tu peux noter pour t'en rappeler. De plus, tu découvres un médaillon qui porte la lettre « I » à son envers.

Note dans ton **inventaire** que tu possèdes le **MÉDAILLON « i »**, puis retourne au paragraphe **51**.

82

Un torrent coule au milieu de la forêt. Il n'est pas très large et il est peut-être possible de le traverser d'un bond.

Si tu veux sauter sur l'autre rive, lis le paragraphe 31. Sinon, tu peux aller vers l'ouest (29), ou le sud (95).

83

Pour combler le trou, il faut agencer les morceaux comme cela :

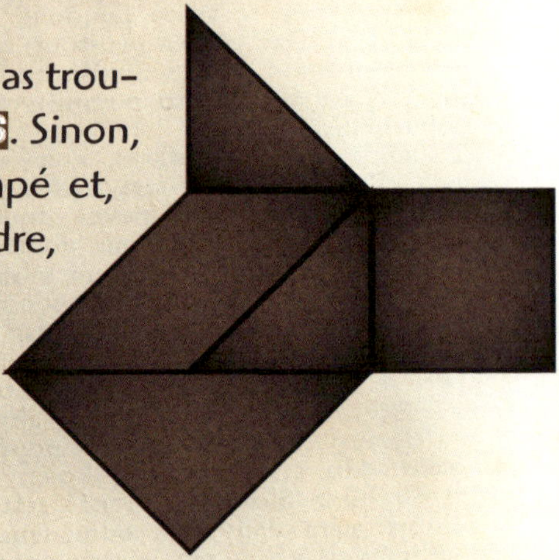

Si c'est bien ce que tu as trouvé, lis le paragraphe **56**. Sinon, c'est que tu t'es trompé et, pour mieux comprendre, tu dois demander de l'aide à Ariane au paragraphe **20** du chapitre **Solutions**.

84

Tu trouves une échelle de cordes qui semble encore tenir le coup. N'écoutant que ton courage, tu entames l'ascension du mât principal. Quelques instants plus tard, tu atteins la vigie, que l'on nomme aussi « le nid de pie » dans le jargon des marins.

Depuis ce poste d'observation idéal, tu embrasses du regard toute la grotte. L'eau continue de monter et il est maintenant clair qu'il sera impossible de sortir d'ici avant la marée basse. Tout à coup, tu repères des craquelures dans les rochers. Serait-ce une issue ?

Note dans ton **inventaire** que tu connais une **ISSUE À LA GROTTE**.

Rassuré par cette découverte, tu redescends sur le pont. Tu peux examiner les canons (**66**), passer par la trappe qui est au sol (lis le paragraphe **71** si tu ne l'as pas encore ouverte ou le 58 si l'as déjà fait), pénétrer dans la cabine du capitaine (98), aller sur le gaillard d'avant (16) ou monter sur le gaillard d'arrière (42).

85

« TU ES UN MENTEUR ! vocifère le pirate. Tout ce que tu mérites, C'EST LA MORT ! »

Le capitaine fend l'air avec son sabre et met un terme à ta vie. La dernière image que tu vois est celle de son visage courroucé et le dernier son que tu entends est son rugissement :

« PERSONNE N'AURA MON TRÉSOR ! »

Ton aventure s'achève ici. Tu n'as pas été perspicace pour cette dernière énigme. Pourtant, en faisant appel à ta mémoire, tu aurais facilement pu trouver la solution. Essaie une nouvelle fois cet Escape Game et n'hésite pas à faire d'autres choix.

86

Tu atteins les abords d'une rivière. Le courant est extrêmement fort et tout franchissement s'annonce périlleux.

Si tu veux tenter de traverser, lis le paragraphe **36**. Sinon, tu peux aller vers l'ouest (**57**), vers le sud (**48**) ou vers le nord (**95**).

87

Tu sais où tirer et tu as tout ce qu'il faut pour le faire. Dans quelques instants, un canon va rugir de nouveau et t'ouvrira la voie vers le trésor du pirate Jack Blade.

Lis le paragraphe 91.

88

Ce passage te conduit à une découverte macabre. Devant toi, des dizaines d'ossement humains sont entassés sur le sol. Il s'agit d'un ossuaire, probablement celui de l'équipage du *Rugissant*. Qu'a-t-il bien pu se passer pour que ces hommes finissent leurs jours dans cette grotte ? Pourquoi n'ont-ils pas profité de leur immense trésor ? Ces questions te taraudent.

Si tu veux fouiller parmi les ossements en espérant trouver des réponses à tes questions, lis le paragraphe **97**. Sinon, tu peux retourner dans la grotte du trésor et t'engager dans le passage de gauche (**28**), ou bien ressortir dans la salle du gouffre pour monter l'escalier (**41**).

89

La végétation est trop dense dans ces parages. Il est préférable de changer de direction. Tu peux aller vers l'ouest (**15**), vers le sud (**2**) ou vers l'est (**61**).

90

L'inscription indique « LE GUERRIER MONTRE LA VOIE ». En suivant les flèches du personnage, tu aboutis au masque situé au milieu de la colonne de droite. Il doit s'agir de la commande d'ouverture.

Si c'est bien ce que tu as trouvé, lis le paragraphe **94**. Sinon, tu t'es trompé et, pour mieux comprendre, tu dois demander de l'aide à Ariane au paragraphe **56** du chapitre **Solutions**.

91

Tu choisis le canon le mieux placé pour viser les craquelures des rochers qui sont au fond de la grotte. Il s'agit maintenant de le charger et de faire feu.

Dans quel ordre vas-tu utiliser tes objets (**POUDRE À CANON**, **BOULET** et **MÈCHE**) ?

Si tu penses avoir trouvé la solution, lis le paragraphe **40**.

92

Sur la fresque, il est écrit : « POUR STOPPER LA GUERRE LE CALICE DE VIE EST ENFERMÉ ICI À JAMAIS ». Si c'est bien ce que tu as trouvé, lis le paragraphe **22**. Sinon, pour mieux comprendre, tu dois demander de l'aide à Ariane au paragraphe **26** du chapitre **Solutions**.

93

La plupart des tonneaux sont vides. Ils étaient probablement remplis d'eau ou de rhum, mais le temps a permis aux liquides de s'évaporer. Tu découvres néanmoins quelques tonneaux qui ne sonnent pas creux. En ouvrant l'un d'entre eux, tu trouves de la poudre à canon.

Note dans ton **Inventaire** que tu possèdes de la **POUDRE À CANON**, puis retourne au paragraphe **51**.

94

Tu appuies sur le masque et il s'enfonce dans la pierre. Dans un grondement, un pan du mur s'ouvre lentement.

Tu débouches dans une grande grotte où une myriade de reflets dorés scintillent à la lumière de ta lampe torche. Sous tes pieds, des objets à la sonorité métallique glissent et roulent à chacun de tes mouvements.

En examinant le mur qui se trouve derrière toi, tu constates qu'il est maculé de traces de griffures et de coups d'outils, comme si des dizaines d'hommes ou d'animaux avaient essayé de creuser pour sortir. C'est plutôt inquiétant. Cependant, tu ne veux pas céder à la panique et tu décides de tourner les talons pour explorer ton environnement.

Rapidement, tu prends la mesure de ce que tu viens de découvrir. Tu es face à un immense trésor !

Après ta formidable découverte, tu es un peu perdu. Si tu penses qu'il s'agit du trésor du pirate Jack Blade, lis le paragraphe 11.

Si tu juges que tu es plutôt face au trésor des Aztèques, lis le paragraphe 33.

95

Tu es au bord d'une rivière au courant très puissant.

Si tu veux tenter de traverser, lis le paragraphe 36. Sinon, tu peux aller vers l'ouest (19), le sud (86) ou le nord (82).

96

Le bon ordre est « L – I – O – N », qui forme le mot « LION ». Si c'est bien ce que tu as trouvé, va au 55. Sinon, tu t'es trompé et, pour mieux comprendre tu dois demander de l'aide à Ariane au paragraphe 73 du chapitre **Solutions**.

97

Tu t'approches des ossements et commences à les examiner minutieusement. Cet exercice est dérangeant car tu as l'impression que les crânes te lancent des regards courroucés avec leurs orbites vides mais chargées de souvenirs. Penser que ces restes sont ceux d'hommes ayant navigué à l'âge d'or de la piraterie est intimidant, mais tu en as vu d'autres.

Tu remarques alors des ossements disposés sur un drapeau pirate jeté au sol. Ils forment un message.

« Voilà une bien étrange épitaphe », commente Ariane.

Ce n'est pas la peine de t'éterniser ici, d'autant que le temps te manque. Tu peux retourner dans la grotte du trésor et t'engager dans le passage de gauche (28), ou si tu penses avoir suffisamment exploré les lieux revenir dans la salle du gouffre pour monter l'escalier (41).

98

La porte n'est pas fermée. Non sans une certaine émotion, tu pénètres dans la cabine du capitaine après avoir descendu quelques marches grinçantes.

Tu as l'impression que l'âme de Jack Blade hante cet endroit et cela te donne des frissons.

Tu peux inspecter l'armoire (63), examiner le tableau (79), t'approcher du bureau (27), essayer d'ouvrir le coffre (39) ou ressortir sur le pont (60).

99

La porte de la cité est impressionnante. Ornée de motifs colorés et taillés dans la pierre dont elle est constituée, elle semble indestructible.

« Et si tu l'ouvrais ? propose Ariane.

– Ha ha, super marrant, rétorques-tu, quelque peu irrité par sa suggestion.

– Il faut certainement appuyer sur des symboles.

– Possible, mais lesquels ? »

Si tu penses avoir trouvé comment ouvrir cette porte, lis le paragraphe 62.

100

En examinant la salle, tu découvres quelques affaires appartenant au capitaine Blade et une source à côté de laquelle est posé un magnifique récipient en or massif incrusté de gemmes. Il s'agit de toute évidence du calice de vie, un artefact aztèque dont tu n'avais jamais entendu parler avant cette aventure. Il faut se rendre à l'évidence : si Jack Blade est devant toi, bel et bien vivant, c'est que cet objet a le pouvoir de donner la vie éternelle. C'est une découverte allant bien au-delà de tes rêves les plus fous.

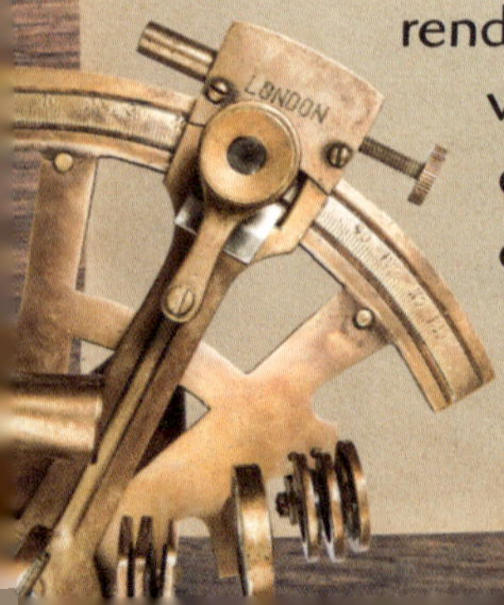

« Tu connais donc mon histoire, déclare le pirate. Je suis prêt à te faire confiance, et pour tout te dire, je m'en trouve soulagé. Cela fait trop longtemps que je suis enfermé ici. Le calice de vie était mon ultime trésor, mon Graal. En m'en servant pour boire l'eau de cette source, j'ai atteint mon but ultime, le plus beau de tous les trésors dont un homme puisse rêver : l'immortalité.

– Il y a 300 ans que vous êtes ici, capitaine. C'est beaucoup de temps, bien plus qu'une vie humaine. C'est un honneur et un privilège pour moi de pouvoir vous parler.

– Hum... À bien y réfléchir, le temps, le jour, la nuit, tout ça ne représente plus rien pour moi. Tout ce qu'il me reste, ce sont des souvenirs. Le vent du large et la piraterie me manquent. Je regrette ma vengeance sur mon équipage. Ils étaient des pirates comme moi après tout. Leur mutinerie était compréhensible. Au fait, mon trésor est-il toujours ici ?

– Oui, capitaine, et vos hommes aussi. Pour le monde entier, vous et le *Rugissant* avez disparu corps et âmes il y a trois siècles.

– C'est parfait.

– Le problème, ce sont les voleurs qui arrivent. Ils sont lourdement armés et rien ne les arrêtera. »

Le pirate se met à réfléchir quelques instants, puis déclare d'un ton solennel :

« Le calice les arrêtera !

– Que voulez-vous dire ?

– Cet objet ne peut sortir de cette salle. C'est pour cela que je suis resté enfermé ici depuis si longtemps. C'est le prix à payer pour profiter de son pouvoir, mais en vérité il est trop élevé. Une éternité de solitude ne vaudra jamais une vie d'aventure. C'est ce que j'ai fini par comprendre. Maintenant, sors d'ici et adieu. »

Les mots du pirate te laissent coi. Te voyant hésiter, il s'énerve et réitère sèchement son invective :

« Je t'ordonne de sortir d'ici ! »

Tu tournes les talons et quittes la salle sans demander ton reste. Après avoir fait le chemin à l'envers, tu retrouves rapidement la sortie de la cité. Tout à coup, des voix attirent ton attention. Tu te glisses dans un taillis et jettes un regard inquiet à travers le feuillage. Des hommes armés marchent vers les cascades jumelles. Ce sont des mercenaires engagés par la concurrence, des pirates du XXIe siècle !

Lorsque tu les vois entrer dans la cité, ton cœur s'emballe. Tu t'en veux car tu leur as offert ce qu'ils veulent sur un plateau. Tu as en effet ouvert tous les passages menant au capitaine, à son trésor et au calice de vie. C'est une catastrophe !

Tout à coup, un énorme grondement retentit.

Les rochers de la falaise s'ébranlent et la montagne tout entière s'effondre. En quelques instants, tout est enseveli sous des tonnes de pierre. Il ne reste plus rien de la cité aztèque.

Le capitaine a livré sa dernière bataille, songes-tu.

Lis le chapitre **Conclusion**.

265
300
NW
20
30
40
50
60

CONCLUSION

CONCLUSION

Fuir l'île des Quatre Vents

L'île tout entière se met à trembler. Tu prends tes jambes à ton cou et cours en direction de la plage orientale. Comme prévu, l'hydravion d'Ariane est là. Il ne faut pas perdre de temps car le tremblement de terre s'intensifie. Les arbres tombent, les roches se fissurent. L'île des Quatre Vents est en proie au chaos.

Tu cours vers la mer à toute vitesse. Quelques instants plus tard, haletant, tu embarques à bord de l'appareil où t'attend Ariane. Lorsqu'il prend l'air, s'arrachant à la mer scintillante, tu pousses un soupir de soulagement. C'est à cet instant qu'une chose encore plus incroyable se produit : l'île s'enfonce lentement dans la mer et finit par être engloutie. En quelques instants, elle a été complètement rayée de la carte du globe.

« Que s'est-il passé, Théo ? demande Ariane.

– Je ne sais pas exactement. Je pense que le capitaine a utilisé le calice et s'est sacrifié pour que son trésor ne tombe entre les mains de personne.

– C'est incroyable. Quand nous allons raconter tout ça, on ne nous croira jamais.

– Tu sais Ariane, je ne suis pas sûr que ce soit une bonne chose que de dévoiler ce qui s'est passé ici.

– Pourquoi ?

– L'attrait du trésor des pirates et surtout

la perspective de l'immortalité ne pourraient que créer des problèmes. Tu connais les hommes...

— Tu as raison. Gardons ça secret. »

En souvenir de Jack Blade

Durant le vol de retour, tu repenses à cette incroyable aventure. C'est bien la première fois que tu repars bredouille d'une chasse au trésor, mais tu n'es pas déçu pour autant. Tu as trouvé ce que tu cherchais et en prime, tu as découvert un trésor que tu n'avais jamais osé imaginer. Cependant, c'est ta rencontre avec le capitaine Jack Blade qui t'a le plus marqué. Sa cupidité l'a conduit à la folie, mais ce pirate hors normes a traversé les siècles pour finalement disparaître héroïquement en te sauvant. Ce souvenir restera à jamais gravé dans ta mémoire.

« Le trésor des pirates restera caché ici pour toujours, dit Ariane.

— Pas tout à fait, corriges-tu.

— Que veux-tu dire ? »

Tu sors alors de ta poche une pièce d'or que tu as trouvée et la montres à ton amie.

« J'ai pris la liberté de ramener un souvenir, avoues-tu. Veux-tu qu'on la joue à pile ou face ?

— Ah ah, toi alors, tu es un vrai pirate ! »

Bravo, tu es parvenu au bout de cet Escape game ! Tourne vite la page pour calculer ton score.

TON SCORE

Note dès maintenant l'heure de fin sur ta Feuille de route.

Pour calculer ton score, tu vas te baser sur ton chrono, sur le nombre de pièces spéciales trouvées, ainsi que sur les indices et solutions utilisés durant ton aventure.

– Marque 10 points si tu as réussi l'aventure en moins de deux heures, ou marque 5 points s'il t'a fallu plus de temps.

– Ajoute 1 point par case **Pièces** cochée.

– Enlève 1 point par case **Solutions** cochée.

– Enlève 1/2 point par case **indices** cochée.

Total des points :

13

Le résultat de ce calcul t'indiquera ta performance de chasseur de trésor.

Plus de 10 points 	Bravo, tu as brillamment pu t'échapper de cette situation délicate ! Cette aventure est une grande réussite. Dépêche-toi de lire tes messages, une nouvelle chasse au trésor t'attend peut-être déjà à l'autre bout du monde...
De 5 à 10 points 	Tu es parvenu au bout de cette aventure avec les honneurs. Les chasses aux trésors ne sont jamais faciles. En t'entraînant un peu, tu devrais pouvoir les mener encore plus efficacement lors d'un nouvel essai...
Moins de 5 points 	Avoir réussi à t'échapper de cette île est déjà à saluer. Cependant, tu aurais certainement pu faire mieux. N'hésite pas à recommencer, ce livre te donne l'incroyable pouvoir de remonter le temps...

INDICES

4

Si tu observes les trajectoires, tu t'aperçois que la bonne fait partie d'un groupe de trois partant avec le même angle. Il ne te reste alors qu'à trouver parmi ces trois flèches celle qui a la longueur permettant d'atteindre l'objectif. Coche une case **indices** et retourne au paragraphe **4**.

7

Pour trouver le chemin le moins risqué, il suffit de compter pour chaque colonne le nombre de rochers présents dans chaque case. Par exemple, pour la colonne A, il y a de haut en bas 6, 10, 7, 5 et 7 rochers. Il faut donc passer par la case A2 (10 rochers).
Coche une case **indices** et retourne au paragraphe **7**.

13

L'objet caché a certainement une forme ou une couleur différente de celle des cailloux. Coche une case **indices** et retourne au paragraphe **13**.

20

Les morceaux peuvent être tournés. N'hésite pas à faire des schémas sur un brouillon. Coche une case **indices** et retourne au paragraphe **20**.

25

Il faut bien lire ce qui est inscrit sur le cadenas et sur le plancher du pont supérieur. Chaque lettre de l'alphabet a un rang. Le « A », par exemple, est la 1re lettre. Coche une case **indices** et retourne au paragraphe **25**.

26

Ton codex est la seule clé permettant de déchiffrer cette inscription. Remplace chaque symbole par la lettre de l'alphabet correspondante et tu comprendras ce qui est écrit. Coche une case **indices** et reviens au paragraphe **26**.

30

La corde non coupée n'est ni la numéro 1, ni la 5. Il ne t'en reste que trois à examiner attentivement. Coche une case **indices** et retourne au paragraphe **30**.

35

Les chiffres gravés sur le rocher correspondent aux points cardinaux. La clé est gravée sur le caillou qui est en bas. Le 1 correspond au Nord, le 2 au Sud, le 3 à l'Ouest et le 4 à l'Est. Coche une case **indices** et retourne au paragraphe **35**.

40

N'as-tu pas souvenir d'une inscription gravée sur le mur du pont intérieur ? Elle était placée juste au-dessus d'un canon. Il y a toutes les chances pour qu'elle s'y rapporte. Coche une case **indices** et retourne au paragraphe **40**.

41

Ton codex doit te permettre de traduire facilement ces symboles. Toutefois, pour identifier les dalles qui ne risquent pas de se dérober sous tes pieds, il te faut connaître un mot-clé. As-tu bien fouillé tous les recoins de la cité ? Coche une case **indices** et retourne au paragraphe **41**.

56

L'inscription peut certainement être traduite à l'aide de ton codex (voir 55). Le personnage représenté sur cette fresque mérite que tu t'y intéresses. Coche une case **indices** et retourne au paragraphe 56.

72

D'après ton codex, ces symboles correspondent à des chiffres. Compte le nombre de fois où chacun des trois dessins apparaît sur la fresque. Pour te faciliter la tâche, suit la spirale. Coche une case **indices** et lis le paragraphe 72.

73

Des mots différents composés des mêmes lettres se nomment des anagrammes. Essaie d'en former avec les lettres dont tu disposes, et l'une d'entre elles devrait correspondre à un mot logique. Coche une case **indices** et retourne au paragraphe 73.

76

Dans ce genre d'exercice, il faut toujours commencer par les lignes ou les colonnes les plus faciles. La première ligne affiche par exemple le chiffre 9. Il n'y a donc qu'une case ne contenant pas de sable mouvant dessus. Et comme la première colonne indique 3 et 1, la case libre de la première ligne ne peut être que la plus à droite et il n'y a qu'une façon de remplir la première colonne. Coche une case **indices** et retourne au 76.

78

Fais appel à ta mémoire. Au cours de ton aventure, tu as certainement vu des messages laissés par l'équipage du *Rugissant*. S'ils parlent de leur capitaine, ils doivent utiliser son surnom. Coche une case **indices** et retourne au paragraphe 78.

99

Tu as peut-être vu deux de ces symboles près d'ici. Il serait pertinent de les tester. Coche une case **indices** et retourne au 99.

Solutions

SOLUTIONS

4

« Ariane, peux-tu m'aider ?

– Oui, Théo. Il y a trois trajectoires partant avec le même angle. Les trois flèches orientées de la même façon sont repérées A, C et E. Parmi ces trois trajectoires, il y en a une qui arrive trop haut et une autre trop bas. Il faut donc choisir la trajectoire ayant une longueur intermédiaire entre ces trois, c'est-à-dire la flèche E.

– Merci. »

Coche une case **Solutions** et lis le paragraphe **10**.

7

« Regarde, Théo, j'ai compté tous les rochers. Le chemin le moins risqué est A2-B3-C4-D3-E3-F4-G3-H2-I2-J3.

– Merci, Ariane. Ça m'évitera de grosses bosses sur la tête. »

Coche une case **Solutions** et lis le paragraphe **24**.

13

« Ariane, vois-tu quelque chose ? lui demandes-tu.

– Oui, Théo. J'affiche la matrice de localisation devant tes yeux. Regarde, il y a un objet dans la case C5. Il est caché sous les cailloux. »

Coche une case **Solutions** et lis le paragraphe **21**.

20

«Je t'envoie une image du bon agencement, annonce Ariane. Place les morceaux exactement comme cela et le pilier pourra supporter ton passage.»

Coche une case **Solutions** et lis le paragraphe **56**.

25

« Ariane, je ne trouve pas la bonne clé, je l'avoue.

– Pas de problème, Théo. Les cinq points inscrits sur le cadenas symbolisent le chiffre 5. De plus la mention *L'ALPHABET EST LA CLÉ* est inscrite sur le plancher du pont supérieur. La 5ᵉ lettre de l'alphabet est le E. C'est donc la clé marquée de la lettre E qui est la bonne. »

Coche une case **Solutions** et lis le paragraphe **58**.

26

« Ariane ? Réussis-tu à décoder cette inscription ? demandes-tu.

– Oui, Théo. Il est écrit : POUR STOPPER LA GUERRE LE CALICE DE VIE EST ENFERMÉ ICI À JAMAIS. »

Coche une case **Solutions** et lis le paragraphe **22**.

30

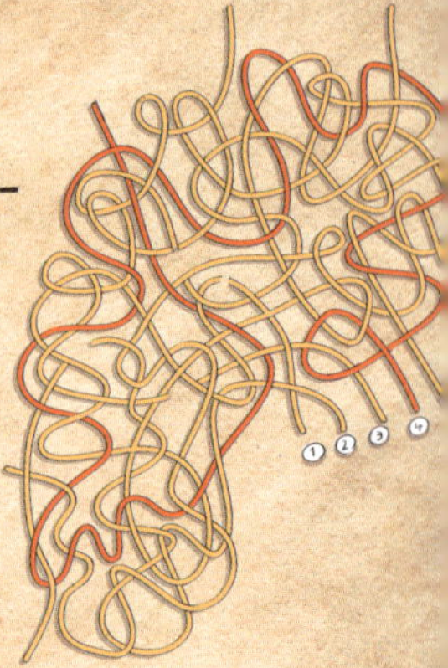

« Ariane, toutes ces cordes emmêlées me font des nœuds au cerveau !

— Ne t'inquiète pas Théo, j'ai trouvé. C'est la corde 4 qui n'est pas coupée. Je l'affiche dans tes lunettes. »

Coche une case **Solutions** et lis le paragraphe **18**.

35

« J'ai compris ! s'exclame Ariane. Les chiffres gravés sur le rocher correspondent aux points cardinaux. La clé est gravée sur le caillou qui est en bas. Le 1 correspond au Nord (N), le 2 au Sud (S), le 3 à l'Ouest (O) et le 4 à l'Est (E). Le chemin est donc N NE E NE E S SE NE E NE NE N NO O SO NO O NO O NO NE E E E E SE E E E NE E. Tu n'as plus qu'à le suivre tout en tirant la langue aux crocodiles !

— Merci, Ariane. »

Coche une case **Solutions** et lis le paragraphe **57**.

40

« Ariane, sais-tu comment charger ce canon ? demandes-tu.

– Non, Théo, mais je me rappelle qu'une inscription était gravée sur le mur du pont intermédiaire, juste au-dessus d'un canon. C'est certainement un pirate étourdi craignant d'oublier les consignes qui en est l'auteur.

– Je ne m'en souviens pas.

– Ah, je l'ai trouvée dans les enregistrements ! L'inscription était *M → P → B*, ce qui correspond aux initiales de *Mèche*, *Poudre* et *Boulet*. C'est dans cet ordre qu'il faut utiliser ces objets.

Coche une case **Solutions** et lis le paragraphe **64**.

41

« Je t'envoie l'image du couloir avec la traduction des symboles, annonce Ariane. J'ai réussi à calculer la densité des dalles. J'affiche les plus solides en vert. Il te faut marcher sur les lettres O, M, B, R et E.

– Donc le mot *OMBRE*.

– Oui, exactement. »

Coche une case **Solutions** et lis le paragraphe **72**.

56

« D'après le codex, l'inscription indique LE GUERRIER MONTRE LA VOIE, explique Ariane. Il faut suivre les flèches du personnage. Elles indiquent le masque situé au milieu de la colonne de droite. »

Coche une case **Solutions** et lis le paragraphe **94**.

72

« Il faut compter le nombre de fois que chacun des trois dessins apparaît dans la fresque, explique Ariane. Il y a 2 marron-jaune, 8 rouges et 1 marron-bleu. Ce sont les symboles correspondant à ces trois chiffres qu'il te faut placer. »

Tu appliques les consignes d'Ariane et places les symboles dans leurs logements respectifs.

Coche une case **Solutions** et lis le paragraphe **50**.

73

« Ariane, est-ce que ces médaillons t'inspirent ? »

— Oui, Théo. Ils représentent tous un lion, qui est le symbole du *Rugissant*. Rappelle-toi la figure de proue et le poème du capitaine. Tu peux former ce mot avec les lettres qui sont au dos. Il faut donc les placer dans le même ordre : « L – I – O – N ».

Coche une case **Solutions** et lis le paragraphe **55**.

76

En utilisant un logiciel, Ariane parvient à localiser toutes les cases contenant des sables mouvants.

Coche une case **Solutions** et lis le paragraphe **8**.

78

« La bonne réponse est FAUVE, déclare Ariane. C'est le surnom que l'équipage du *Rugissant* donnait à son capitaine. C'était écrit à plusieurs endroits dans le bateau. J'ai tout enregistré sur mon moniteur vidéo. »

Tu écris aussitôt les lettres dans les cases avec ton doigt. Coche une case **Solutions** et lis le paragraphe **44**.

99

« En repassant l'enregistrement de la vidéo captée par tes lunettes, j'ai vu deux de ces symboles sur la fresque géante qui est taillée dans la falaise, révèle Ariane. Il s'agit du Soleil et de l'aigle. Il te faut appuyer dessus pour ouvrir la porte. »

Coche une case **Solutions** et lis le paragraphe **67**.

Crédits des illustrations :

p.5 : © ActiveLines/Shutterstock.com ; p.6 : © johavel/Shutterstock.com ; p. 7 : © IconBunny/Shutterstock.com ; p. 8 : © LANTERIA/Shutterstock.com ; p. 15 : © aurielaki/Shutterstock.com, © Fun Way Illustration/Shutterstock.com, © Dmitry Natashin/Shutterstock.com ; p. 20 : © aurielaki/Shutterstock.com ; p. 23 : © Memo Angeles/Shutterstock.com ; p. 25 : © NextMarsMedia/Shutterstock.com, © Rueankam Jompijit/Shutterstock.com ; p. 28 : D.R. ; p. 30 : © Pushkin/Shutterstock.com, © NotionPic/Shutterstock.com ; p. 33 : © ShabbyPie/Shutterstock.com, © Constantine Pankin/Shutterstock.com, © Lorelyn Medina/Shutterstock.com ; p. 34 : © Jamesbin/Shutterstock.com, © AlinaAme/Shutterstock.com ; p. 36 : © lena7391/Shutterstock.com ; p. 37 : © ActiveLines/Shutterstock.com ; p. 38 : D.R. ; p. 41 : © Alena Ivanenko/Shutterstock.com ; p. 42 : © Alexander Lukyanov/Shutterstock.com, © lady-luck/Shutterstock.com ; p. 43 : © Pikovit/Shutterstock.com ; p. 44 : © Vectomart/Shutterstock.com ; p. 47 : © DECTER/Shutterstock.com, © BlueRingMedia/Shutterstock.com, © Svitlana, © lady-luck/Shutterstock.com ; p. 49 © VOOK/Shutterstock.com ; p. 50 : © Reddavebatcave/Shutterstock.com ; p. 52 et 53 : D.R. ; p. 54 : © Alena Ivanenko/Shutterstock.com ; p. 55 : © Christos Georghiou/Shutterstock.com ; p. 56 : © Nanashiro/Shutterstock.com ; p. 58 : © Fuel to your fire/Shutterstock.com ; p. 59 : © Bodanochka/Shutterstock.com ; p. 60 : © Memo Angeles/Shutterstock.com ; p. 64 : © BlueRingMedia/Shutterstock.com ; p. 66 : © Robles Designery/Shutterstock.com ; p. 67 : © Lorelyn Medina/Shutterstock.com ; p. 69 : © Erik Svoboda/Shutterstock.com ; p. 71 : © Lars Poyansky/Shutterstock.com ; p. 73 : © Kristina Birukova/Shutterstock.com, babysofja/Shutterstock.com ; p. 74 : © ActiveLines/Shutterstock.com ; p. 75 : © BlueRingMedia/Shutterstock.com ; p. 76 : D.R. ; p. 78 : © Oliver Denker/Shutterstock.com, © camilkuo/Shutterstock.com ; p. 79 : Memo Angeles/Shutterstock.com ; p.80 : © Bodanochka/Shutterstock.com ; p. 81 : © armi1961/Shutterstock.com p. 83 : © NextMarsMedia/Shutterstock.com ; p. 85 : © Regissercom/Shutterstock.com ; p. 87 : © Nina Vetrova/Shutterstock.com, © Kompaniets Taras/Shutterstock.com ; p. 88 : voir médaillons précédents ; p. 89 : © Denis Cristo/Shutterstock.com ; p. 90 : © Timplaru Eugenia/Shutterstock.com ; p. 91 : © Erik Svoboda/Shutterstock.com ; p. 94 : © vectomaker studio/Shutterstock.com ; p. 95 : © NextMarsMedia/Shutterstock.com ; p. 96 : © Lorelyn Medina/Shutterstock.com ; p. 97 : © ActiveLines/Shutterstock.com ; p. 98 : D.R. ; p. 99 : © BlueRingMedia/Shutterstock.com ; p. 101 © ActiveLines/Shutterstock.com ; p. 102 : © BlueRingMedia/Shutterstock.com, © Bob Orsillo/Shutterstock.com ; p. 104 : © siiixth/Shutterstock.com ; p. 105 : © Dmitry Natashin/Shutterstock.com p. 107 : © Pushkin/Shutterstock.com, © robuart/Shutterstock.com, ; p. 108 : © ActiveLines/Shutterstock.com ; p. 109 : © babysofja/Shutterstock.com, © Natykach Nataliia/Shutterstock.com ; p. 110 : © Pushkin/Shutterstock.com, © Aliaksei Putau/Shutterstock.com ; p. 111 : © AlinaAme/Shutterstock.com, © Kompaniets Taras/Shutterstock.com ; p. 113 : © lady-luck/Shutterstock.com ; p. 115 : © Shabash/Shutterstock.com ; p. 117 : © blambca/Shutterstock.com ; p. 121 : © Memo Angeles/Shutterstock.com ; p. 124 : © Natykach Nataliia/Shutterstock.com

Autres illustrations d'animation graphique : © Shutterstock.com

PAPIER À BASE DE FIBRES CERTIFIÉES

LAROUSSE s'engage pour l'environnement en réduisant l'empreinte carbone de ses livres. Celle de cet exemplaire est de : 650 g éq. CO_2 Rendez-vous sur www.larousse-durable.fr

Achevé d'imprimer en France par Jouve-Print
Dépôt légal : janvier 2020 – 325302/02
N° projet : 1104516 – avril 2020
N° 2954533G

SOLUTIONS